NOTICE

SUR

M. DE LABROQUÈRE

(LÉON-PIERRE-LOUIS-MARIE)

LUE DANS UNE RÉUNION PIEUSE

Le Dimanche 22 Juin 1851

TOULOUSE

TYPOGRAPHIE DE VEUVE DIEULAFOY

rue des Chapeliers, 13.

1851

NOTICE

SUR

M. DE LABROQUÈRE

(LÉON-PIERRE-LOUIS-MARIE)

LUE DANS UNE RÉUNION PIEUSE

Le Dimanche 22 Juin 1851

TOULOUSE

TYPOGRAPHIE DE VEUVE DIEULAFOY

rue des Chapeliers, 13.

1851

NOTICE

SUR

M. DE LABROQUÈRE

LUE DANS UNE RÉUNION PIEUSE

Le Dimanche 22 Juin 1851.

—

Messieurs,

Le souvenir des hommes qui n'ont suivi durant leur vie que l'impulsion aveugle des passions s'efface rapidement ; et s'il en est quelques-uns dont la mémoire se conserve plus longtemps, c'est d'ordinaire à raison des malheurs qu'ils ont causés et des larmes qu'ils ont fait couler.

Combien différente est la condition de l'homme juste, qui a marqué toute sa vie par des actes de dévouement ! sa mémoire se conserve fidèlement dans l'esprit de tous ceux qui l'ont connu, et loin d'être un sujet d'imprécations, elle ne provoque que des éloges : *In memoria æterna erunt justi ; ab auditione mala non timebunt.*

Ces paroles du Psalmiste, Messieurs, me paraissent pouvoir s'appliquer avec vérité à l'un de nos plus regrettables confrères, qu'une mort prématurée a enlevé, au commencement de cette année, à sa famille désolée et à ses nombreux amis.

Retracer en peu de mots la vie de cet excellent Confrère, ce sera nécessairement présenter son éloge, puisque sa trop courte existence n'a été remplie que par la pratique de tous les devoirs de fils, d'époux, de père, de chrétien.

M. Léon-Pierre-Louis-Marie de Labroquère naquit à Toulouse, le 17 juin 1805, de parents respectables , qui inculquèrent de bonne heure dans son âme les sentiments de piété qui devaient y produire de si beaux fruits.

M. de Labroquère répondit aux soins de ses pieux parents. Après avoir terminé ses études classiques , sous la direction de maîtres recommandables , il étudia le droit à la Faculté de Toulouse , où l'un de ses aïeux l'avait autrefois professé. Dès cette époque , l'aménité de ses mœurs et la régularité de sa conduite le firent distinguer de ses condisciples, qui l'estimaient et l'aimaient d'autant plus qu'ils l'approchaient davantage.

Une honorable carrière devait s'ouvrir naturellement à M. de Labroquère , dès qu'il eut obtenu ses grades universitaires. Tout devait y contribuer : une naissance distinguée , un physique agréable , des études consciencieuses , une probité à toute épreuve. M. de Labroquère entra, en effet, fort jeune dans la magistrature, où il aurait nécessairement occupé bientôt un rang élevé, si une de ces révolutions politiques qui bouleversent tant d'existences, n'avait dès son début frappé la sienne.

M. de Labroquère était juge-auditeur à Muret quand survint la révolution de 1830. Notre Confrère, qui professait hautement le dogme de la légitimité, n'attendit pas que la suite des événements amenât la suppression des fonctions de juge-auditeur, et à la première nouvelle de la révolution, il abandonna une position que sa foi politique ne lui permettait pas de conserver.

Cette foi politique, M. de Labroquère l'a professée toute sa vie avec une conviction profonde, qui n'excluait pas pourtant chez lui la tolérance et les égards qui faisaient comme le fond de son caractère. Aussi, notre cher Confrère pouvait-il rencontrer quelquefois des dissentiments ; jamais il ne rencontra des ennemis.

Rentré dans la vie privée, M. de Labroquère ne ressentit pas le découragement qu'éprouvent les ambitieux qu'un coup de fortune a renversés. Il avait appris de bonne heure qu'un homme est toujours assez haut placé quand il accepte la position où la Providence l'a mis, et qu'il est aussi avantageux et plus sûr pour le chrétien de servir Dieu dans l'obscurité de la vie privée, que dans l'éclat des fonctions publiques.

M. de Labroquère n'avait dépouillé en 1830 que les insignes du magistrat ; il en avait conservé toutes les qualités et toutes les vertus. Aussi, quand il rechercha l'alliance d'une famille dont le chef occupait un rang élevé dans la magistrature de notre cité, obtint-il tout l'accueil auquel il devait s'attendre. Il épousa, le 30 avril 1833, Mlle de Lartigues.

Devenu dans la suite père de famille, M. de Labroquère embrassait dans les sentiments d'une même piété les auteurs de ses jours , sa femme et son enfant.

Je n'entreprendrai pas , Messieurs , de vous retracer cette partie , si exemplaire d'ailleurs, de la vie de M. de Labroquère, il en est des vertus domestiques comme de celles du cloître , elles ne se plaisent que dans le silence , et c'est presque les ternir que de les publier ; mais je dirai que ces vertus si douces , loin d'affaiblir au-dehors la charité de M. de Labroquère , semblaient au contraire lui donner un prodigieux essor et un merveilleux aliment.

Parmi ces œuvres utiles qui ont été fondées à Toulouse depuis quinze ou vingt ans , il serait difficile en effet d'en citer une seule à laquelle M. de Labroquère n'eût point concouru , et le plus souvent efficacement contribué.

Entre les sociétés pieuses qui forment comme les joyaux de l'église catholique, il en est une , vous le savez, dont l'établisse-

ment ne remonte guère qu'à dix-huit ans,
et qui couvre déjà l'univers entier de ses
bienfaits : j'ai nommé la société de Saint-
Vincent-de-Paul, qui n'eut de conférence à
Toulouse qu'en 1837.

M. de Labroquère entra dans la société
dès qu'il connut son but et ses bienfaisants
résultats; il y entra le 2 décembre 1839, et
peu après l'estime de ses confrères l'appela
à présider la conférence de Saint-Jérôme,
qu'il ne cessa pas dans la suite de représen-
ter, à quelque titre, dans le conseil.

Comme les ressources pécuniaires sont
l'âme des sociétés de secours, on peut dire
que nul peut-être ne contribua plus efficacement que M. de Labroquère au développe-
ment de la société de Saint-Vincent, puisque c'est principalement par ses soins que les
loteries prirent l'extension qui font la bran-
che la plus importante des revenus de la
société.

Notre Confrère s'occupa aussi d'une ma-

nière très active , et avec un plein succès ,
de l'établissement du salon où les confrères
de Saint-Vincent-de-Paul trouvent tant de
ressources pour utiliser agréablement leurs
loisirs.

Dans le conseil de l'œuvre, M. de Labroquère se distinguait par sa prudence ;
hors du conseil, il se distinguait par la dou-
ceur de ses mœurs. Les hommes arrivés à
la maturité de l'âge , quand l'ambition les
dévore ou que les affaires les préoccupent ,
n'éprouvent en général que peu de sympa-
thie pour la jeunesse , parce que leurs inté-
rêts sont l'unique mesure des relations qu'ils
recherchent. Pour aimer véritablement les
jeunes gens , dès qu'on n'est plus jeune soi-
même, il faut avoir un naturel liant et une
âme candide. M. de Labroquère avait précisément cette âme , et les jeunes confrères
de Saint-Vincent-de-Paul, qui cherchaient
l'occasion toujours facile de lier des rap-
ports avec lui, ressentaient bientôt autant

d'affection pour sa personne que les confrères plus anciens avaient d'estime pour
son caractère.

Il est une autre société non moins utile
qui n'ouvre ses rangs qu'aux chrétiens en-
gagés dans le mariage : c'est la société de
Saint-François-Régis. Il est à peine besoin
de dire que M. de Labroquère en était
membre, et que bien des familles, qui mè-
nent maintenaut une vie chrétienne, durent
à ses soins leur réhabilitation morale et
par conséquent leur bonheur.

Si le libertinage effronté est une des
plaies de notre époque, l'incrédulité des
classes ouvrières est peut-être la cause prin-
cipale du libertinage, et cette incrédulité
croissante menace la société des plus grands
malheurs. Notre Confrère le sentait, et quand
la société du patronage des jeunes apprentis
fut fondée à Toulouse, principalement par
les soins d'un pasteur recommandable, beau-
frère de M. de Labroquère, celui-ci de-

vint le secrétaire et l'un des membres les plus actifs.

Je ne parlerai point des aumônes secrètes de M. de Labroquère, qui devaient être bien abondantes, puisque la bonté de son cœur l'empêchait de voir des limites à l'exercice de la charité.

Comme l'arbre, Messieurs, ne vit que par la sève, les bonnes œuvres ne vivent que par la piété. Aussi, était-ce dans une piété solide autant qu'aimable que M. de Labroquère puisait son dévouement sans bornes à toutes les bonnes œuvres qu'il pratiquait. Il donnait des preuves édifiantes de sa dévotion dans toutes les réunions religieuses où il assistait, particulièrement dans celle-ci, qu'il fréquenta assidûment tant que des soins agricoles ne lui dérobèrent pas une partie considérable de son temps. Il éprouvait un bonheur particulier à se dire fils et serviteur de Marie. Tenons comme lui, Messieurs, à notre petite et modeste réunion ; aimons-la , précisément parce que rien ne la pare à l'extérieur ; considérons-la , puisque la fréquentation des sacrements en est l'âme , considérons-la comme une des fournaises cachées de cette charité dont le monde lui-même admire les œuvres.

M. de Labroquère , Messieurs, continuait cette vie si édifiante , quand une maladie dangereuse vint l'assaillir à la fin de l'année dernière. Il n'en vit pas d'abord toute la gravité ; car il est aisé , surtout quand on est dans la force de l'âge, de se faire des illusions. Il fallut donc la lui faire entrevoir. Il semblait que ce devait être un coup terrible. L'idée de la mort, en effet, a, pour la plupart des hommes, quelque chose d'effrayant , et cette idée est généralement d'autant plus cruelle qu'on est entouré de plus de bonheur. Sans une grâce spéciale du ciel, elle devait l'être par conséquent pour notre cher Confrère, qu'attachaient à la vie les liens les plus sacrés et les affections les plus douces. Cependant, dès qu'il vit le danger, sa foi vive ne lui fit pas un seul instant défaut, et il fit à Dieu le sacrifice de sa vie avec une générosité admirable que les vertus chrétiennes peuvent seules inspirer.

D'ordinaire, ce sont les personnes qui entourent les moribonds qui s'efforcent de les consoler. Pour M. de Labroquère, ce fut le contraire : sentant approcher sa fin, il pria sa vénérable mère de lui donner sa bénédiction; et comme cette dame respectable et une épouse non moins chère fondaient en larmes autour de sa couche : « Ma chère épouse, leur dit-il, ma tendre mère, pourquoi pleurez-vous ? Ah ! si vous éprouviez comme moi, dans ce moment suprême, combien il est doux et consolant d'avoir toujours aimé le bon Dieu!... » Touchantes paroles, Messieurs, qui peignent bien mieux que de longs discours toute la candeur et la charité de l'âme de notre Confrère.

C'est dans ces sentiments héroïques que M. de Labroquère reçut les derniers sacrements, et qu'il s'éteignit le 2 janvier 1850, n'ayant pas encore accompli quarante-cinq ans.

Espérons, Messieurs, qu'un homme si bon, et qui fut si constamment dévoué à tous ses devoirs, a déjà été admis dans le sein de Dieu. Souvenons-nous pourtant que la sainteté du Très-Haut exige l'expiation des moindres fautes et des plus légères souillures. Assistons donc notre cher Confrère de nos prières ; nous attirerons ainsi les miséricordes de Dieu sur nous-mêmes, et nous mériterons à notre mort d'être accompagnés des mêmes secours.